JN418901

운명의 언덕

운명의 언덕

초판 1쇄 발행 2023년 8월 14일

지은이 이원문

펴낸이 임병천
펴낸곳 책나무출판사
출판신고 2004년 4월 22일 (제318-00034)

주소 서울시 영등포구 신길3동 325-70 3F
전화 02-338-1228 **팩스** 0505-866-8254
홈페이지 www.booktree.info

ISBN 978-89-6339-708-5 03810

운명의 언덕

이원문 시집

책나무출판사

목차

1부

2부

3부

4부

• 1부 •

돌담의 가을

기울고 무너져 빼앗긴 세월
담쟁이 오르며 그 시간 찾는다
더듬어 찾는 시간 담쟁이가 찾을까
찾는 담쟁이도 단풍이 드는 것을

세월이 무너뜨린 초가의 돌담
감아 오른 메꽃 송이 그것으로다일 것이고
시간 찾는 담쟁이 몇 뼘 더 올라 찾을까
돌 틈의 민들레 마지막 꽃 피운다

보고픈 사랑

멀고 더 먼 길
그리움 가깝고
가까워도 없는 모습
하늘에 올린다

억새밭 찾는 길
그곳에 가면 있을까
기억에 없어도
그릴 수 있을까

석양에 닿은 언덕
바람 옷깃 내리고
돌아선 먼 언덕
억새꽃 눕는다

쭉쟁이의 마음

인생을 배우던 날
흘러간 세월이 무엇을 가르쳤나
여기까지 오기를 무엇을 배웠고
돌아보면 모두가 쭉쟁이인 것을
나 무엇 하다 여기에 와 있나

그렇게 지난 세월
그 시절 거슬러 되돌아보면
그 많은 스승에 못 잊을 회초리들
보였던 것 담았던 것 그대로 있나
이 가을 껍데기의 마음 하늘에 올린다

억새꽃 얼굴

빛바랜 사진 속 모습
이 모습이 나의 모습인가
다 잃고 몇 장으로 보는
먼 옛날 그 시절
몇 장이어도 그 시절
노래 한 곡으로 풀려나오고
혼자만의 부끄러움
추억 속에 감춘다

가을 언덕 봄꽃동산
산으로 바다로
후즐근한 윗도리에
아껴 입는 바지한 벌
누구에게 잘 보이려
그런 모습으로 찍었나
억새꽃만 알고 있는
그날을 회상 한다

가을

버리고 잊은 마음
무엇으로 채울까
여름날 그 뭉게구름
하늘 높이 흩어지고
쓸쓸한 바람결
가는 곳마다 따라온다

없는 들녘 먼 옛날
회상의 그 들녘들
지금쯤 논 밭으로
하루를 잃는 그날인가
우물 물 펴 올리니
움김이 있어 다르고

앞 뒷산 나뭇잎
단풍 준비에 다르다
추수 끝난 며칠 후
울긋불긋 그 단풍들
홍시에 꿈 묻고 알암에 잠들던 날
쓸쓸한 이 가을 마음도 쓸쓸하다

세월

낙화 될 꽃이라면
피우지 말고
떨어질 열매라면
맺지를 마라

욕심의 한오백년
백 년이 될까
서릿발 쓰고 나니
하루가 짧다

수수밭의 노을

석양에 부는 바람
찾을 곳이 어디인가
저문 길 돌아보면
어둠이 쫓아오고

바라보는 석양 길
수수잎 소리 살 도린다
더 가면 어디이고
허기 채울 집이 있나

먹는 것 보다
입는 것이 앞서는 길
앉아 쉬자 하니
내딛을 길 더 멀어진다

버린 세월 찾을 인생
누가 나를 부를까
저무는 수수밭 길 바람 불어오고
넘는 해 바라보니 서쪽 하늘 노을 진다

가을꽃

옛 초가울뒤 가을꽃은
흔히 부른 이름인데
언덕 배기 냇둑꽃은
들국화 밖에 모른다

여기저기 노란 들국화
그 향기 그윽하여
쓸어 안던 들국화
다른 꽃도 많으련만

그 꽃 이름 가물대고
모양새에 붙인 이름
어찌 그 꽃을 잊을까
관심 없이 지나친

어릴 적 고향의 꽃
눈물도 기쁨도
함께 했던 고향 들꽃
이 가을 그 꽃에 꿈을 묻는다

가을 길

걷는 길 하늘 높이 옛 하늘 같고
돌아보면 온 길보다 인생 길이 더 길다
굽이굽이 걸어온 언덕 많은 비탈길
이 길은 한 굽이에 돌뿌리도 없것만
지나온 그 길은 왜 그리 돌뿌리가 많었던지

멈춰서 보는 하늘 그 비탈길 엎어지고
옛 생각에 마음 울컥 그날이 떠 오른다
이런 일 저런 일 미움에 오해 많었던 일
다 잊고 버려도 차였던 돌뿌리는 안 뽑히는 것인지
이 가을 낙엽 주워 벌레의 흔적 메운다

가을 우체국

귀뚜라미와 쓰는 편지
밤새워 쓴 편지
등잔불 밑 손 그림자
잉크 엎지르고
엎지른 잉크
첫 사연 지운다

부끄러움의 첫 편지
다시 쓰는 첫 편지
떨리는 손의 글 받침
틀리지 않았을까
몇 번을 찢고 보고
마지막에 접었나

밥풀로 붙이는 용기
주소가 걱정 된다
읍내 우체국 찾아
우표 사는 부끄러움
잘 썼는지 못 썼는지
받는 이의 부끄러움

침 발라 붙인 우표
얼마를 문질렀나
기억 없는 첫 사연
녹슬은 우체통
받았는지 주소가 틀렸는지
이 가을 그 답장 오늘도 기다린다

기억의 가을

가을이 가르치는 인생을 배우던 날
기억의 거울 속에 그날들이 뚜렸하다
가을은 그렇게 새 떼 쫓는 들녘으로 데려 갔고
서늘한 바람으로 추운 것을 가르쳤다
돋는 솔음에 추운 것만 배웠나 그 서로움도 배웠다
뜨락으로 끌어내어 귀뚜라미 울음을 들려 주었고
밤이 깊었다 지붕 넘는 달을 보여 주었다
소에 멍에 걸 듯 등짝에 지게 올려 힘든 것을 가르치더니
그 다음 굶겨가며 배고픔을 가르쳤다
가을이 어디 그것만 가르쳤겠는가
방앗간에 데리고가 이웃 쌀 가마니 보여 주고
거미줄 친 쌀광으로 몰더니 빈 항아리를 보여 주었다
단풍 질 무렵이면 우물둥치 떠놓은 물에 손을 담그게 했고
옆 장독대에 데리고가 종이 얼음을 걷어내게 했다
코찢어진 고무신에 입은 누더기
침 뱉는 아이들을 왜 못 말려 주었나
먼 옛날로 가버린 희미한 그 가르침
밤마다 흘린 눈물에 내일을 배운 인생
지붕 위 둥근 박에서 외로움을 배웠고
수수밭 둑 억새꽃에서 서글픔을 배웠다

바람은 왜 그리 억새꽃을 눕히는지
이제 더 무엇을 배울까
해기울 듯 기우는 세월 더 배울 것이 걱정 된다

숙명의 들꽃

잃은 여름
맞은 가을
돌아오는 봄 오면
다시 살아날 수 있을까

피던 꽃 그대로
피울 수 있고
가을이면 이렇게
시들어야 하는 것인지

맺은 씨앗
떨어지면
이 시든 잎 어떻게 하나
끝을 알리는 바람부터 차갑구나

강바람

잊어야 할수록
깊은 가을아
이 강언덕 억새꽃
눕히지 마라

아버지의 추석

차례 상에 음복 한 잔
아침상 물린 아버지
슬며시 뒷짐 짚고 들에 나가신다
아직 영글리는 벼 논에 물빼기
이곳저곳 물꼬 트며 물 빼는 아버지
벼 이삭 주렁주렁 마음 흐뭇 하고
추수 기쁨에 한편으로 걱정 된다
셈 안에 들은 볏가마니
추수 끝나면 그만큼 나올까
나와도 주고 나누면 얼마나 될까
모여드는 참새 떼 아버지 마음 모르고
메뚜기 갸웃둥 아버지 바라본다
차가운 물에 발 담그며 못자리부터 모내기까지
아카시아꽃 질 무렵 저 벼가 언제 자라나 했는데
뜸북새 울고 산자락에 뻐꾹새 떠나더니
벼 포기 벌어져 어느새 벼 이삭을 영글리는구나
그럼 또 한 세월이 다 갔다는 말인가
손가락 접고 접어 셈 끝난 아버지
돌아서 오는 길 냇물에 손 담그니
일 년의 그 세월 냇물이 시려움으로 알리고

계산 된 볏가마니 집에 오니 줄어든다
철모르는 아이들 무엇이 저리 좋은가
큰 년은 눈치 빨라 에비 마음 짚어보고
모지리 둘째 년은 에비 무섭다 도망간다
애야 괜찮다 괜찮어 오늘은 안 무섭다
미안한 아버지의 마음 저 아이에게 에비가 잘못했구나
어떻게 해야 에비를 안 무서워 할까
그래 에비가 잘못 했다 너에게 잘못했어
추석 추석 에비 마음 짓누르는 추석
큰 딸년 시집 걱정 모지리 둘째년 기를 걱정
막걸리 한잔에 잠시 잊자 하는 아버지
어느새 해 기울어 저녁이 되는구나
오늘 뜨는 보름달에 어느 소원을 빌어볼까

녹두밭

냇둑 길 따라 녹두 따러 가는 길
오늘 그곳 또 가야 하나
가기 싫어 가는 길 가을 들꽃 피어나고
돌아선 산모퉁이 가을 볕에 따갑다

어머니 뒤 따라 딴청 피우며 가는 길
손짓 하는 어머니 빨리 오라 소리지르면
빈 소쿠리 무겁다 주저 앉아 투덜대고
화가난 어머니 달려와 끌어간다

나의 투정에 하루 해가 바쁜 어머니
어머니의 하루가 얼마나 바쁜가
거뭇거뭇 여기저기 녹두 꼬투리 비틀리고
한줌 한줌의 밭이랑 기우는 해에 더 길다

바쁜 하루 어머니의 마음 이러다 비 떨어지면 어떻게 하나
내일이면 더 비틀려 녹두알이 떨어질 것인데
해 넘어 반가운 나 걱정 되는 어머니의 아쉬움
오는 길 녹두밭 둑 그 억새꽃 아련하다

억새꽃의 슬픔

여기 이곳
다녀간 이 있나요
벼랑 끝 하늘 높이 구름도 없어요
날마다 부는 바람 멎지 않고요

지난 여름
하루 한 번 들려 울던 철새
그 철새 떠나더니 찾지 않아요
눕히는 저녁바람 밤이면 춥고요

여기 이곳
찾는 이 있을까요
기다림의 먼 시간 너무 외로워요
바람 멎는 날 이 억새꽃 지워지겠지요

여자의 길

보내질 곳 따라
운명 찾아 가는 길
다시 못올 우리 집을 떠나야 하나

울어도 웃어도
따로 있는 이 표정
살아야 할 시집 위해 참아야 하나

친정집 시댁 쪽
흉 많은 시집살이
감은 눈에 귀 닫으며 참아야 하나

없어진 울타리
새로 두를 울타리
내집 되는 이 집 위해 참아야 하나

친정 하늘 구름
여기에 들어 오면
찔레꽃 봉숭아 소식 물어보련다

놓고 온 바구니
우리 엄마 그 소식
너에게 모두 모아 다 물어보련다

추석의 회고

추석에 모은 옛날
어느 날을 잊을까
헤아리는 그 옛날
추석이면 찾아든다

비탈길 많았던
어제의 그 먼 옛날
그 많은 날 다 잃고
여기에서 무엇 하나

철새에 들꽃까지
뛰어 놀던 뒷동산
넘어야 할 보릿고개
굽이굽이 흘렀고

베겟머리에 찾아 드는
미움에 고마운 얼굴
못 잊는지 안 잊는지
그 맨드라미꽃에 얹어진다

가을 그리움

약속의 먼 훗날
하늘에 오르고
잊혀진 그리움
억새꽃에 숨는다

스치는 그 옛날
기다림도 아니고
잊혀진 그리움의
기억도 아니다

가을이 부르는
먼 옛날의 그 행복
어렴풋한 기억으로
그날을 잊는다

• 2부 •

억새꽃의 꿈

억새밭 찾으면
옛날이 있을까
구름 위 오르면
그날이 보일까

오를 수 없는 구름 위
마음 얹어놓고
억새꽃 바라보며
옛날을 찾는다

찾을수록 먼 옛날
쓸어안으면 있을까
구름 위 마음 내려
내일 다시 찾을까

이 언덕에 부는 바람
억새꽃 눕히고
찾아도 없는 옛날
추억에 묻는다

가을 산사(山寺)

이 산 오르며 차이는 돌뿌리들
흐르는 세월이 계절에만 있겠는가
여기 이 돌 드러나기까지 얼마만큼의 시간이었나
패여나간 자리 생명의 싹 시들고
검은 바위 세월의 때 그 시간을 알려준다
오색단풍 나뭇잎 맺은 열매의 끝 맺음
오르는 길 방초잎마다 시들지 않은 것이 없고
찾은 산사 앞 뒤뜰 서늘히 고요하다
들리는 물소리 내려보는 산새들
물소리 듣는 산새 무엇을 배우나
법당 안 거미줄 시간 잡아 매달고
들리는 풍경 소리 그 시간 모아준다

가을 이야기

쓸쓸히 바람불어
여민 옷깃 내리고
이 가을의 옛 이야기
주운 낙엽에서 찾는다

날려와 주운 낙엽의
이 많은 흔적들
갉은 자리 뚫어지고
찢어져 떨어지고

얼룩은 알 수 없어
그 시간을 짚어본다
갉은 자리는 벌레의 흔적이고
떨어진 것은 무엇에게 잃었나

지울 수 없는 이 많은 흔적들
뚫어진 공간은 옛날 찾아 메울 수 있었는데
그 시간에 찢긴 얼룩은
무엇으로도 지울 수 없었다

가을 허공

지난날 그 흔적을 어디에서 찾을까
벌레의 흔적은 주운 낙엽에 있는데
찾고 싶은 나의 것은 어느 곳에도 없었다

주먹밥

찾지 않아도 오는 것이 계절이고 가을인가
싫어도 맞이 해야하는 것이 그 계절의 가을이고
어제의 봄날과 여름이 좋았는데
가을은 왜 이리 시리고 쓸쓸한 것인지

겨울처럼 추운날이라면 두꺼운 옷을 입겠는데
그것도 아닌 가을 마음부터 시리고
길거리를 다녀도 산을 찾아도
때 이른 가을 추위에 그날부터 움추려든다

다 그렇게 빼앗기는 숙명의 가을인가
얼마나 더 시렵게 만들려 바람까지 부쳐대나
잃고 잊은 지난날 다시 다 잊으련다
뒷산 넘어 오던 길 다시 찾아가련다

가을 마음

무엇인가 잃은 것 같아
찾아보면 아니고
잊었어도 그 마음
옷깃에 스며든다

가을바람에 실려 온
못 잊은 일 잃은 일
이 가을은 모두를
그렇게 들춰야 했는지

주머니에 손넣으니
잡히는 것 없고
밟히는 낙엽만
그날처럼 부스러진다

중년의 가을

지나온 옛날도
가야 할 앞날도
가을 앞에 놓인 마음
고개 숙여지고

마음 한곳 그 마음
혼자 말에 돌아본다
인생 뭐있나
이 가을 풀잎처럼
씨앗 맺고 나면 그만인데

여름날 그 풀들이
가을을 알았겠나
먼 산 단풍 울긋불긋
인생도 단풍든다

스쳐 가는 가을바람
나 여기가 어디인가
갉아 먹힌 낙엽 주워
그 흔적 메워준다

운명의 그리움

인연이 서로 만나
눈물짓던 날
또 하나의 운명이
그 노을에 젖었지
눈 감아도 보이는
둘만의 사랑이었고

목숨 바쳐 흘린 눈물
애달픈 그리움
이별이 떼어놓은
둘만의 행복인가
못 잊을 우리 사랑
다시 찾아 나선다

낙엽의 시간

돌아보면 짧은 시간
구름 같은 세월
강물은 보이는데
그 세월은 왜 안 보이나

기억으로 더듬어
돌아보는 그날들
세월은 그 시간을
무엇하다 흘렸나

봄도 있었고
여름날에 가을날
눈 쌓인 겨울이면
찾는 아래목도 있었다

그렇게 보낸 세월
얼룩진 시간들
이 낙엽 위에 올려
봄날을 찾는다

미움의 가을

미워할수록 깊어 가는 가을아
우리 그날을 찾을 수 있는지
너무 먼 그리움이기에 물어보았어
찾는 곳마다 가물대는 옛 모습

이제 모두를 지워야 하는 거야
어렴풋도 떠나고 미련도 지쳤어
잠 못 이루는 밤이면 창문만 흔들려
지울수 있다면 지워도 되는 거야

들국화의 기억

처음의 그 향기
고향 밭둑의 들국화

짊어진 짐 내려놓고
쓸어 안던 들국화

그윽한 그 향기
어찌 잊을까

피면 피었나보다
무관심의 들국화

어느 날 멋이 들어
그 향기 맡던 날

무엇인가 모를 향기
처음 알았다

잃어버린 가을

타향의 가을이 고향 가을만이나 할까
하늘은 같은데 그 들녘 안 보이고
찬 바람에 옛 기억만 조용히 스쳐 간다

앞 뒷산 울긋불긋 나뭇잎 물들이면
벼 베기에 타작 하는 소리
누구의 집이 바쁘지 않을까

궁글통 옆 흘린 벼 모아 키질 하는 할머니
아버지의 말 안 듣는다 소리 지르는 아버지
어느 일이 먼저일까 비 오면 어떻게 하나

논둑 언덕에 들국화 노란 꽃으로 수놓고
쌓은 볏단 양지에 쓸쓸히 부는 바람
볏단 모퉁이의 어머니 우는 동생 젖 먹인다

가난의 가을

으스라니 추운 바람
솔음 돋아나는 몸
겨울은 아니어도
마음부터 추워지고
드러난 논 바닥
참새 떼 찾는다

바라보는 먼 산 단풍
저 단풍이 눈에 들어올까
벼 이삭 꿈 모은 양지
들국화에 벌 날아들고
마르지 않는 논 바닥의 물
구름 내려 띄운다

그 며칠의 귀뚜라미
논 넘나들던 메뚜기
서릿발이 쫓은 가을
들국화의 날이 며칠일까
가을 양지의 보릿고개
추운 겨울 부른다

노을

그 노을 그리워
언덕에 오르면
하얀 날의 속삭임
노을빛에 젖는다

세월의 강

이른 봄 서릿발
가을날과 같고
여름날 더운 것 만큼
겨울도 춥다

나오고 들어가고
들어가고 나오고
쳇바퀴의 우리 인생
풀잎만이나 하던가

떨어져 눈 감으니
그 다음 어디 갔나
허무하고 슬프도다
다시 못 올 우리 인생

서릿발에 찾은 양지
구름이 가리더니
찬 바람이 모는 구름
눈으로 덮는구나

며느리감

애야
너희들 그렇게 좋으니
너희들 바라보니
이 에비 옛 생각이 나는구나
너의 엄마 데려 올때 나도 그랬지
마음 빼앗느라 거짓도 좀 섞었고
그 잠깐 그 세월이 꿈만 같구나
살어보니 아니더라 그럼 아니고 말고
자꾸 무뎌지더니 속 마음 사랑이지
겉으로는 처음처럼 못 하겠더라
이웃 눈에 집안 흉 보는 눈이 많어
에비 마음 모르는 너의 엄마 서운하다 하고
그리고 막 나오는 너의 엄마에게 나도 서운 하고
이 것이 인생인지는 몰라도 다 무뎌져
에비 마음 한 곳에 감춰놓은 너의 엄마 사랑
표현 못 하는 그 사랑 너의 엄마가 알기는 하는지
너희들도 짝 짓고나면 그렇게 될까
살어보니 할 일도 많고 신경 쓰일 곳도 많고
무거운 짐이 해마다 자꾸 얹어져
처음의 그 사랑은 살림 속에 숨어 안 나오고

세월에게 속는 것이 아닌지 모르겠어
가을이면 더욱더 옛 생각에 빠져 드는구나
이것이 인생이고 가야 할 길일까
애야
너희들 변치 말고 짝지어 살려므나
이 가을 열매 씨앗 처럼 아이도 낳고
그리고 너희 욕심에 만족 할지는 몰라도
부족함에 평생 모은 에비의 것 남겨놓을께
그래 너희 사랑 변치 마라 보기 좋구나

가을 그림

뜨락에 귀뚜라미 울음 그릴 수 없고
황금 들녘 노란 색칠 위 참새 떼 그린다
논 가운데 허수아비 파란 하늘에 새털구름
메뚜기는 너무 작아 벼 잎새로 가릴까
논길 따라 뛰는 아이 더 멀리 보내 옷 입히고

앞 뒤 먼 산 붉은 단풍 그 기슭의 아기 단풍
빼놓을 수 없는 코스모스 뜨락의 맨드라미
초가 지붕 그 둥근 박은 보름달 같이 그릴까
타작 하는 궁글통 소리 어떻게그려야 하나
서산 넘는 기러기 떼 높고 낮게 그린다

하늘 못

그날이 그리워
저 언덕에 오르면
둘만의 그 뭉게구름 위
기와집 지어주고

옛 모습 못 잊어
먼 하늘 바라보면
흐린 모습 더 가까이
뚜렸이 남게 하소서

괴로워 했던 날
미움의 그날까지
모두 모아 영상에 띄우고
노을의 약속 찾아 들려 주시옵소서

바람의 낙엽

바라보면 먼 길 같고
돌아보면 짧은 길
봄 여름 지나온 가을날 처럼
바람 부는 이 가을 길
여기의 나
나는 누구인가
그 운명이 그렇게 굴려온 인생
저무는 이 가을 길 밝힌 낙엽 부서진다

아가의 가을

이리 보면 들국화
조금 더 올라 아기단풍
아기단풍 꿈 모아
책 속에 숨기던 날
아련한 아기단풍
빛바래지 않았는지

지금도 뚜렸한
울긋불긋 먼 산 단풍
책 속에 넣을 수 없어
마음 깊이 넣은 단풍
기억의 단풍 찾아
고향 언덕에 오르고 싶어라

• 3부 •

외로운 사랑

깊어가는 가을처럼
깊어간 사랑
우리의 그날도
깊어갔었지

이 가을 그날들을
어떻게 잊을까
잊는다 하면서
못 잊은 그날을

그리워 보는 하늘
구름 같이 흐른 세월
이 가을 그 사랑
아직 나 잊지 않았겠지

가을 역

바람 쓸쓸히 옷깃에 스며들고
위 아래 철로 길
바라볼수록 더 멀다

때 잃은 코스모스
철로 밖의 시드는 풀
떨어진 낙엽은 무엇을 놓쳤는지

바람이 굴리는대로
구르다 엎어지고
다시 뒤집혀 철로를 긁는다

창밖의 가을

손에든 커피 한 잔
이 한 잔의 커피에 옛날만 들었겠나
먼 산 단풍 울긋불긋
모를 마음 모아지고

한 그루의 단풍나무
그 시간을 읽어준다
창가로 뻗은 이 가지는
언제 뻗어 창가에 닿았는지

얼룩의 무늬에 벌레의 흔적들
떨어진 몇몇잎은
저리 오그라져 잠들어야 했나
나도 모를 이 마음 커피 잔에 담긴다

첫서리

깊어간 가을
그 무덥다던 여름이 언제였었나
서늘히 바람 불어 가을인가 싶더니
가을도 저물어 단풍잎 떨어지고
남아 있는 늦단풍 가는 가을 아쉬워 한다

아직은 가을
첫서리에 늦가을이 며칠이 될까
곤두박질의 낙엽마다 떨어져 구르고
힘 없이 떨어져 구석 찾아 쌓인다
하룻밤 사이 서리에 끝이라 하기 아쉽다

허무한 가을
이 시간을 위해 움 틔우고 새 앉혔나
성한 잎 하나 없이 병들어 갉히고
첫서리 서운하다 며칠 더 두어도 되련만
다음은 덮힐 눈에 밤은 있는가

산마루

내려놓고
비워질
쭉정이 인생
그 욕심의 그릇
어디에 두었는가

낙엽의 양지

굴러온 이곳
다시 굴러 가야 하나
다음은 어디일까
어디로 굴러 가야 하나

밤이아니어도 음지가 있고
양지어도 구름 오면 다 같은 음지인 것을

저녁 바람 불어오면
다시 구를 것인데
싸늘한 저녁바람
어디로 굴려 가나

가을 일기

저무는 하루
저물녘의 하루만 저무는 줄 알았더니
세월도 저물어 단풍이 드는구나
한낮 파란 하늘 마음 끌어 올리고

저 단풍 지워지면 나이 없는 겨울인가
시드는 풀잎마다 목이 쇠어 부러지고
떨어진 씨앗들은 다음이 있는 것인지
시려운 저녁바람 낙엽 굴려 모으는구나

꽃 속에 감춰지고 봄 버들 춤에 속은 세월
괘짝 속에 넣은 부채 얼마나 더웠을까
속절 없이 가는 세월 막을 수 없는 것인지
구르다 머문 낙엽 이 늙은 몸 무엇을 바라보나

인생

이 저무는 뒷동산
나 부르는 이 없고
찾아 갈 곳도 없다
누가 나를 데려가
끼니에 재워줄까
허기에 쓴 입맛
주운 알암 더 떫고
누더기 속 스믈스믈
어느 곳을 더 긁으라 하나

밤나무에 기대어
이리 저리 문지르니
가려움은 지웠는데
냉기의 바람 스며든다
얼마 전까지의 석양
그래도 남은 하루
남은 이 시간에 무엇을 찾았나
이제 해 떨어져
오늘 하루도 끝인가

여기 이곳 내려가면
어디로 가야 하나
가을 노을이 쫓는 몸
짚까리 찾아갈까
집집마다 저녁연기
누가 나를 잡아주나
내려오며 기웃기웃
문 두드릴 집 없고
저녁바람 쓸쓸히 굴뚝의 연기 끊는다

미련의 뜰

누구의 보름달이
저리 밝은가
가을밤 기러기울음
서산 넘어 멀어지고
구름이 가리는 달
그리움 감춘다

저 구름 비켜서면
그날이 보일까
벗어난 보름달
옛 모습 떠올리고
지난날의 그 약속
계수나무에 숨는다

단풍잎

앞산 기슭 오르는 길
진달래의 빨간 단풍
오르며 모으는 단풍
그 추억 물들인다

빨간색 노란색
윗 나무의 갈색 단풍
진달래의 아기 단풍
어느 주머니에 넣을까

더 먼 산 울긋불긋
단풍으로 물든 세상
코흘리게의 꿈 모아
집으로 내려온다

늦가을의 슬픔

찬바람 쓸쓸히 마음 빼앗더니
우수수 떨어지는 낙엽 그날을 찾는다
길거리에 이리저리 나뒹구는 낙엽들
그 찬바람은 오늘도 저리 굴려야 했나

비 뿌려 털어대고 떨어지니 굴리고
으시시 추운 몸 저 낙엽과 무엇이 다른가
느낌 보다 더 추운 바라보는 낙엽들
보릿고개의 쓸쓸함 운명의 길 돌아본다

낙엽

떨어지면 이렇게 그만인 것을
그 봄날 움에 춥고
여름날에 더웠었나

비 바람이 괴롭히던 날에는
병들어 얼룩지고
벌레가 갉아 먹고

아니 놓을 수 없던 나뭇가지
바람은 또 그렇게 흔들며 털어댔고
떨어져도 굴리며 귀퉁이로 모았다

가을꽃길

그리 길지 않은 가을
이 가을이 이제 떠나야 하나
초가을 지날적에는
가을꽃이 많았는데
늦가을 이 무렵 되니
그 꽃들이 다 숨었다

여름꽃과 섞인 들꽃
그 많은 꽃 어디에 숨었나
쪼그라든 나팔꽃
개울가의 여뀌꽃
몇몇의 모르는 꽃
찬 서리의 들국화

다가가 맡는 들국화 향
어느 꽃 향기와 비교 될까
먼 산 울긋불긋
단풍으로 수놓고
언덕배기의 들국화
그 향기 내린다

고향의 박

겨울 문턱의 종이 얼음
고향의 가을이 떠나는가
지붕 위 하얀 서리
여문 박 내리고
할머니의 한마디
아범아 박타라 한다

이리저리 굴려보며
톱으로 써는 아버지
하얀 속 하얀 씨
어느 것이 씨앗 될까
굳은 표정의 할머니
몇개의 씨앗 깨물어본다

골라놓은 씨앗 모아 바가지에 담는 할머니
가마솥에 삶는 박은 다 굳어 가겠지
혼자말에 불 줄이며 아궁이 속 젓는 할머니
할머니의 마음도 부지갱이도
하루해 짧아지듯 짧아만가고
저녁바람에 구르는 낙엽 마루 밑으로 들어간다

딸네의 가을

절기에 넣고 뿌린 씨앗
그렇게 더웠었나
한여름 춥네 덥네
비 많이와 걱정 가물어 걱정
부채 내려놓으니 이렇게 잠깐인 것을
뜸북이 뻐꾹새 떠난지 며칠 됐나
추석에 에미 보고 간 아이들 보고 싶구나
늙어보니 사람이 그립고 산 설고 물 설구나
잠 안 오는 긴긴 밤 누가 나를 찾을까
아이들 생각 하니 미안하기만 하고
못 가르친 글 공부에 죄가 되는구나
높은 핵교(학교) 문턱에 가고 싶다는 아이들
핵교(학교) 대신 공장으로 남의 집 밥떼기로
저희들이 벌어 시집 가겠다는 아이들이었는데
공장 다니며 연애질 한다 이웃들의 흉이 얼마나 많았나
있다고 무시하며 모여 짓거렸던 사람들
지금은 처지가 바뀌어 자기네 자식들이 어떻게 됐나
인생이란 알 수 없는 것이 인생인데
그렇게 몰아 세워 흉들을 보았는지
아이들에게 미안한 마음 그저 죄가 되는구나

뒤척이는 밤 잠깐의 단몽에 에미 찾는 아이들
내일은 꿈적거려 텃밭에 나가 고추 잎 좀 따고
들깨 털어 기름 짜놓았으니 한 병씩 돌릴까
뭐하고 밥 먹나 삭힌 고추 좀 나누어 담아야겠구나
쌀 말은 무거우니 내려 오면 들려주고
참 고추가루 빻아놓았으니 어디에 담을까
떨어진 동부 이삭 고추대에 매달린 고추 끝무리들
모두 이 소쿠리에 담았으니 올 한 세월도 끝나나
곱던 단풍도 눈에 안 들어 오고 쓸쓸하기만 하구나
이 밭 오르내리며 텃밭 가꾸며 보낸 세월
내가 먹어야 뭘 얼마나 먹겠나
아이들 생각에 더 심고 많이 뿌렸는데
가방 대신 공장 변또(도시락) 옷 못 사입혀 밥떼기로
아이들아 너희들이 무엇을 원망하였겠니
이제 다 잃어버리려므나 에미가 잘못했다
그 흉도 흉이 아니고 너희들이 찾아야 할 운명이었어
오늘도 저문 하루 늦가을 저녁이 저물면 이렇게 쓸쓸한 거냐
불어 오는 바람까지 이 산 단풍 터는구나

늦가을의 굴뚝

바람 쓸쓸히
첫서리에 시렵더니
곱던 단풍 한 두잎
산 꼭데기부터 벗겨진다

아직은 낮은 단풍
드러난 논 바닥
이맘때쯤 벼 이삭 줍던 아이
그 아이 홑껍떼기에 얼마나 추웠을까

시려운 들녘 바람 그 아이 옷 속 파고 들고
고무신에 붙은 흙 물에 빠진 발
오늘도 그 아이 벼 이삭 줍고 있나
아련히 시린 고향 저녁연기 끊어진다

개울 길목

이 바라보는 징검다리
건너갈까 돌아갈까
떠내려온 낙엽 모여
더 많은 물 기다리고
흐르는 물소리 가을비 기다린다

삐뚤은 징검다리에
잦아드는 물소리
밀리고 물러난 돌
누가 받쳐놓을까

고요의 징검다리
여름 흔적 드러나고
버드나무에 감긴 넝쿨
비에 쓸려 누운 풀
징검다리의 낙엽처럼 때를 기다린다

11월의 오후

길 찾는 낙엽 어디로 가나
떨어져 굴러 가는 곳
길은 있는 것인지
늦가을 이 찬바람은
알고 있을까

이 길의 나는 어디로 가나
쓸쓸히 걸어 가는 곳
끝은 있는 것인지
둘러보고 바라보고
움추리는 길

빼앗긴 마음 어디로 가나
멀었던 길 돌아보며
구름 내리는 이 길
옷깃 내리는 찬바람
알고 있을까

가을 구름

그리움 가득 먼 산 구름 산 넘고
알수 없는 그리움 구름 따라 흐른다

억새꽃에 지는 단풍 굴러 굴러 쌓인 낙엽
봄바람이 찾은 가을 낙엽까지 굴려대나

찔레꽃잎 날리던 날 봄바람에 속은 세월
그 바람이 굴리는 낙엽 찔레꽃잎 자리에 쌓이고

멀고도 먼 옛날 낙엽은 가까운 날
그 아름다운 먼 옛날 구름 위에 얹는다

삼팔선의 가을

우리끼리 만난 겨울
65년이 녹았는가
봄 지나 여름 가고
이 가을이 왔다

함께 부른 우리의 노래
밥상 차려 밥 먹고
그 이야기 나누며
총뿌리도 내렸다

우리 서로 오고간 날
평화는 오는가
금강산 설악산
누가 먼저 오고 갈까

구름 따라 올라 가고
철새 따라 오는 날
쌓인 눈 녹아 내려
그 약속의 봄 안기겠지

• 4부 •

나무꾼 동무

동무야
달력의 겨울이 아니라
이제 추운 겨울이 왔나 봐
바람 한번 불어대더니
나뭇잎 다 떨어지고
떨어진 낙엽도 한 곳에 쌓였어
남아 있는 몇 잎은 너와 나를 더 춥게 하려고
팔랑거리며 눈길을 주는구나
바닥 드러난 들녘도 드러난 밭둑에 털어낸 들깨단도
그 들깨단 바라보니 따뜻하게 느껴지는구나
이제 찾아야 할 양지에 바람 들어오면 어떻게 하지
우리 밭둑 가는 길 그 냇둑에 고재박(베어낸 나무 밑둥)도 줄었더라
긁을 가랑잎은 어디가 많겠니 말림 산(주인 있는산)은 못가고
솔까레는 내가 어디에 많은지 보아 두었어
또 그렇게 겨울을 지내야 하는거냐
허기는 참겠는데 추운 것은 못 참겠어
아직은 있는 쌀 조금 더 지나면 아침 저녁으로 죽 끼니겠지

바람이라도 안 불면 얼마나 좋겠니
그 바람 때문에 눈도 안 녹고
봄 여름은 그만 두더라도 수수밭 옆 누런 들녘
메뚜기 참새 떼 떠나더니 그 잠깐 사이
차가운 바람이 나뭇가지를 털어대 바람이 알리는 겨울
그 겨울이 지게 걸머 지어주며 땔 나무 해오라 하는구나
굴뚝의 연기가 아니라 아궁이로 나오는 연기가 더 눈물 나오게 하고
동무야 오는 겨울 너와 내가 안 갈 곳이 어디 있겠니
눈에 찍히는 발자국 안 찍힐 곳이 어디 있고
지게에 얹질 따뜻한 아래목이 얼마나 무거울까
장작 팰 통나무 솔까레 가랑잎 냇둑의 고재박(베어낸 나무 밑둥)
가시 많은 아카시아 나무 눈 많이 내려 청솔가지
쌓아 놓으면 눈 많이 내려 나무광 바닥 드러나고
또 쌓아 놓으면 그렇게 눈이 많이 내리는지
안팍으로 치워야 할 눈은 어떠 했고
그래도 보리꽁댕이 죽 한 그릇에 배부르니 좋았지
무우 구덩이에 무우 꺼내어 껍질 벗겨 먹을 무렵
화로에 묻은 고구마가 우리를 기다렸나

아니면 너와 내가 그 고구마를 기다렸나
내일 해야 할 나무 걱정에 눈 오나 문 열어 보며 먹던 고구마
하나 둘이어도 그렇게 맛이 있었지
눈 오나 보던 하늘 그 하늘에 별 총총히
달 뜨는 밤이면 뜨락에 어린 달빛
그렇게 밝고 밝았는지 그림자도 선명 했고
동무야 내일 눈 오면 고무줄 새총 가지고
뒷동산으로 새 잡으러 가자
꼭 가기로 하자
그리고 나무는 이 다음 먼 훗날에 더 많이 하자

어머니의 이승

우리 엄마는 이웃집이 부르는
굴따는 여편네였다
며칠 있어 큰 일이 있으니
어멈은 굵은 굴좀 넉넉히 따오너라

고무신의 우리 엄마
말 없었던 우리 엄마
바닷바람 추위에 누더기 두른 우리 엄마
엄마는 굵은 굴만 쪼아 쌀 됫박 하고 바꿔 왔다
이웃 인심이 얼마나 무서운가
우리들 키우기 위해 얼마나 추웠나

우리 엄마는 늦가을이 안겨준
그 장날의 감 장수였다
내일 일찍 열나흘장 보니
저녁에 굵은 연시를 골라 함지에 담았다

아침 일찍 불때던 엄마
옥양목에 바쁘던 엄마
감 함지 이고 뒷산 넘어 장터 길에 들어섰던 엄마

엄마는 다 팔고 우리들 고무신과 빗 실타래 바늘을 사왔다
눈 쌓인 겨울이 얼마나 추운가
우리들 키우기 위해 실 바늘 고무신을 사왔다

우리 엄마는 읍내 뒷골목
쫓기는 콩나물 장수였다
얼마 있어 보름이 다가 오나
몇날 며칠 전부터 상 펴놓고 콩나물 콩 고르더니

시루 찾아 시루에 앉히고
베 보자기 덮어 몇 날을 물내렸나
다 자란 콩나물 뽑아 함지박에 담아 이고 가던 우리 엄마
엄마는 뒤 안 보고 부지런히 우리들 눈에서 멀어졌고
우리들은 밥 싸움에 투정하다
책보자기 둘러 메고 학교로 달려 갔다

낙화의 뜨락

초가의 무너진 담
그 고향 집 뜨락인가
이맘때의 늦가을이면
울 뒷결 감나무잎 우수수 떨어지고
바람도 한 차례 감나무잎 털어댄다
까치밥 떨어질까 남겨둔 남은 홍시
짖을 까치 언제 오나 하늘 바라보면
높은 구름 차갑게 흩어져 산 넘는다

쓸쓸한 가을 뜨락
모인 낙엽 쌓인 뜨락
빗자루로 쓸고 나면
또 한차례 우수수 문간 틈에 쌓이고
우물둥치 돌아서 우물로 들어간다
대문 삐걱삐걱 이 바람 언제 멎을까
빗자루에 쓸린 자리 방초꽃 시들고
때 잃은 낙화의 꽃 오그라져 눕는다

세월

밤과 낮이 있어
하루가 되었고
그 하루가 모여
일 년을 만들었다

시간이 만든 계절
얼마를 모아 계절을 만들었나
날짜에 숨기고
사람 마음에 숨긴 시간들

우리 사람들은 그것도 모르고
춥다 덥다 벗고 입고
눈에 넣은 그 많은 것
귀의 것도 흘렸다

잊고 잃은 그 세월
거울에서 찾아볼까
이 모습의 나 어디에 와 있나
나도 모를 이 마음 낙엽에게 묻는다

가을 고독

메뚜기 참새 떼
흩어진 새털구름
그 곱다 하던 가을 단풍도
이제 모두 지워지는가

고향도 들어 있고
먼 훗날도 들어 있었다
가을 단풍과 물들여진
추억의 그날도 들어 있었다

걷는 길 수북히
떨어진 낙엽들
밟히고 차이는 그날의 꿈이었나
불어오는 저녁바람 낙엽 굴려 모은다

슬픔의 가을

며칠 전 귀뚜라미의 밤은
옛날이 찾아와 문을 두드렸고
두드려 나가보니 달 안에 내가 있었다

그러다 가을 더 깊어라
곱게 물든 단풍 옷에 누나의 얼굴이 들어 있었고
기러기 떼 함께 가자 석양에서 멀어졌다

어제도 내일도 오늘 안에 있는 나
뒷동산 진달래 앞 개울 가재 잡이
그리고 물놀이에 반딧불 따라가던 밤

오늘은 내일 아닌 옛날로 가자 하고
거짓의 내일이 어서 오라 손짓 한다
어디로 가야 하나 갈 곳 없는 나
떨어진 낙엽만 발에 밟힌다

하얀 싸움

찬 서리의 먼동 뜨는 해 떠올리고
초가의 하얀 지붕 아침 연기 올린다
나무 꼭데기의 저 까치 언제 내려올까
짝 찾느라 짖어대며 위 아래 둘러보고
우물둥치 장독대 된서리에 미끄럽다

추워 웅크린 우리들 이불 끌어당기며 싸우는 소리
어머니 부지갱이 들고 와 이리저리 더듬으면
막내 동생 지은 죄에 지례 울며 투정 한다
얼룩에 척척한 지도 누가 펑퍼짐 하게 그렸나
속 옷 젖은 막내 동생 실례 덮느라 더 크게 울어대고

쇠죽 쑤는 아버지 시끄럽다 야단 한다
아버지 눈치의 우리들 쫓아 들어 오면 어떻게 하나
막내 동생 큰 울음에 더 불안한 우리들
무서운 아버지 밉고 미운 막내 동생
부지갱이 든 어머니 보다 아버지의 큰 기침이 더 무서웠다

커피의 창

한 잔의 커피에 보이는 창밖인가
낙엽 한두 잎 힘 없이 내려앉고
마음 울컥 외로움 커피 잔에 녹는다
쓸쓸한 나뭇가지의 털어버린 그 옛날
떨어진 낙엽은 미련이 있었을까

앙상한 나뭇가지에 지나는 구름 걸치고
지쳐버린 기다림 커피 잔을 맴돈다
기다린 약속 시간 설레임의 그날
잊혀진 아름다운날에 둘만의 행복인가
먼 기억의 그 행복 낙엽 따라 내려앉는다

늦가을의 기억

아련히 떠오르는
그 시간의 먼 들녘
기억의 그 들녘으로
지나온 이 세월인가

봄 안개에 묻힌 날
보리밭도 있었고
그 밭둑 위 찔레꽃
아카시아꽃도 있었다

여름이면 뜸북새
뽕밭 자락 뻐꾹새
유화등 가물가물
반딧불도 있었다

수수밭 지나는 길
누런 들녘의 주인들
참새 떼 메뚜기 떼
허수아비도 있었다

거둬들인 쓸쓸한 들
벼 이삭의 그 들녘
누가 모두 거둬 갔나
늦가을 돌아보며 첫눈 밟는다

외로운 굴뚝

추석 무렵 즐거웠던 우리들
먹을 것도 많고 주울 것도 많았다
감나무 밑 밤나무 밑
올려보면 가지마다
벌어진 알암에 홍시 보며 즐거웠고
산속 깊이 들어가면 머루 다래에 으름도 있었다

그 잠깐 산과 들 언제 물들고 지워졌나
벼 이삭 주우며 배우는 인생
밤나무 밑 쭉정이에서도 인생을 배웠다
감나무 까치의 밥 저 홍시가 언제 떨어질까
까치 밥 바라보며 입맛을 배웠고
가을 끝자락 초겨울 더 추워지면 어떻게 하나

양지에 들어오는 바람 추운 내일을 가르치고
웅크린 그 양지의 마음 쌓일 눈에 걱정 된다
눈 안의 먼 산 단풍 언제 아름다워질까
해 기울어 비켜선 양지 찬 바람에 시렵고
산 넘는 저 구름 무엇을 가르치나
아직은 이른 저녁 어서 집에 가라 한다

시기(猜忌)

이래서 떠나고
저래도 가는 세상
무엇을 찾으러 여기에 왔나

이 뱉는 침에 섞인 세월
울어도 보고 웃어도 보았다
나에게 침 뱉는 이 누가 있나요

뱉었어도 그 침에 무엇이 섞였나요
올려본 하늘에 구름 흘러가고
닦아 신은 신발도 흙이 묻더라

고향 바람

시렵고 시원 했던
추억의 고향 바람
산으로 들녘으로
고무신의 그 바람을 어찌 잊을까

보리밭 스치며
찔레꽃 기슭에 오르던 바람
나물 바구니에 담은 마음
호미 끝에 매달고

여름날 그 파란들
벼잎새 나부끼면
뜸북새 울음 더 멀리
멀리 보내 주었지

뽕밭 위 뻐꾹새 울음
보리 이삭 영글릴 때면
뽕잎 따는 누나의 서로움
메아리 불러 달래주었고

가을이라 소슬이 바람
한세월 또 빼앗나
나뭇가지 털더니
낙엽 굴려 모으고

눈보라의 겨울날
문풍지 울리더니
뒤란 고목의 부엉이
밤새워 울리고 멎지 않았나

겨울 구름

찾은 양지 지우는
네 큰 구름
들어오지 마라

조그마한 조각도
저 해 둘레
비켜서 가다오

홋껍데기 입은 아이
바람 스며들고
그 양지 지워져 떨고 있구나

바람아 불지 마라
저 큰 구름이나
거둬 가려무나

이 서러움
저 서러움
배고픈 서러움

허기에 지친 아이
해 기울어 울고
네 구름 보기 보다 해를 바라보는구나

마굿간의 먼동

힘들여 일으킨 몸 문밖 나서니
캄캄한 밤하늘 멈칫 올려 보아지고
추워 오래 못 올려 보는 하늘
겨울이라 추우니 어서 일터로 가라 한다

그렇게 몇 십년을 올려보는 하늘
일터에서 보는 하늘 날마다 새롭고
머리 위의 큰별 더 멀리 작은 별
저녁 별 보다 새벽 별이 더 맑은 것 같다

멀리 가물가물 자세히 올려보면
캄캄한 새벽 하늘 별끼리 모여 있고
보면 옆에 또 있고 또 보면 그 옆에 또 있고
눈으로 보아도 별들로 꽉 드러찼다

그러다 산봉우리 훤해질 무렵이면
먼 별부터 지워지고 나뭇가지 드러난다
그래도 남은 별 큰 별 이름이 무엇인가
새벽 일터의 먼동 잠자는 말(馬) 깨운다

첫눈의 그날

한 사람의 발자국 어디쯤 갔나
뒤돌아보지 않는 흔적 잊을 수 없고
함박눈이 아니어도 외롭지 않았다

지금도 걷는 길 어디쯤 왔나
뒤돌아보는 길 그 흔적 남아 있고
살짝이 눈이어도 슬프지 않았다

홀로의 눈

하얀 세상 눈 소복이
나뭇가지에 쌓이고
바라보는 눈 눈부셔
허공을 바라본다

돌아보는 발자국
어디쯤서 머무를까
한 줌의 눈 허공에 뿌리고
오던 길 돌아서 발자국 세어본다

버드나무의 겨울

겨울인 줄 알었더니
겨울도 아니고
가을인가 싶어
바라보면
가을도 아니다
첫눈에 털린 나뭇가지
먼 산 뿌연히
새들의 고향 드러나고
가까이의 나뭇가지
추운 겨울을 준비 한다

들어선 겨울 문턱인가
첫눈의 버드나무
저리 퍼렇게 춤 띄우니
세월이 모자라는 듯
그 봄을 얼마나 기다릴까
부끄러운 버드나무의
긴긴 겨울 눈보라
살 도려낼 그 겨울바람
그만큼 또 시려울까
해 저문 나뭇가지 다시 추어진다

고향 저녁

저녁해 뉘엿뉘엿 서산 넘을 무렵이면
이집 저집 저녁연기 지붕 위로 오르고
나락 줍는 할머니 망령의 소리 더 높다
가리고 쌓아놓고 바쁜 일손의 아버지
우리들 말 안 듣는다 그 야단이 멈출까
부엌의 어머니 저녁 준비에 바쁘다

외양간 누렁이 소 쑤운 쇠죽 언제 줄까
되 새김질의 누렁이 소 쇠죽 솥 바라보고
문간의 검둥개 배고프다 끙끙댄다
씻어라 닦아라 어머니의 잔소리
망령의 할머니 밥 안 준다 문 두드리는 소리
아욱국에 된장찌게 밥상 위에 오른다

11월

떠나는 가을 어디쯤 갔나
들어선 겨울 문턱 아랫목 찾기에 아직 이르고
가을에게 빼앗긴 마음 나뭇가지에 걸친다
강 언덕의 억새꽃 산기슭에 예쁜 단풍들
그 들녘 하늘에 새털 구름까지
모두를 거두어 그렇게 떠나야 했는지

새벽녘 종이 얼음에 첫눈의 겨울 문턱
이제 비 바람이 아닌 눈보라의 추운 겨울인가
이 추운 겨울을 어떻게 견뎌내나
옛날에 그렇듯 양지 찾는 겨울
시렵고 추운날 얼마나 추울지
떠나는 11월 앞에 고개 숙여진다

뜨락의 기억

겨울 문턱에 들어선
시골뜨기의 그날들인가
혼자만의 시간이면
계절 따라 스쳐 가고
겨울이어도 봄 여름
가을까지 스쳐 간다

놀던 곳 따라 찾던 곳
허기에 힘들었던 곳
고향이라 하기 보다
스승의 곳이라 할까
그 인생을 배우던 날
나뭇가지에 걸친다